JARDIN SANS FIN

Texte d'Elizabeth MacLeod

Illustrations de Caroline Price

Texte français de Dominique Chauveau

Les éditions Scholastic

En mémoire d'Alison, avec beaucoup d'amour

Données de catalogage avant publication (Canada)

MacLeod, Elizabeth
  Jardin sans fin

(Artisanat)
Traduction de : Grow It Again
ISBN 0-439-98566-8

1. Jardinage – Ouvrages pour la jeunesse. I. Price, Caroline.
II. Chauveau, Dominique. III. Titre. IV. Collection

SB457.M3214 2000   j635   C00-931508-X

Conception graphique de Julia Naimska

Édition publiée par Les éditions Scholastic, 175 Hillmount Road, Markham, Ontario M5E 1E5
avec la permission de Kids Can Press Ltd.

5 4 3 2 1   Imprimé à Hong-Kong   00 01 02 03 04

Table des matières

Introduction

Tu auras peut-être de la difficulté à le croire, mais il y a probablement dans ta cuisine tout ce qu'il faut pour aménager un jardin fantastique. La prochaine fois que tu aideras ton papa ou ta maman à préparer le repas, ne mets pas les tiges de carottes ni les pépins de pomme avec le compost. Fais-les plutôt pousser. Transforme une arachide en une belle fleur ou les tiges d'une betterave en une plante feuillue.

Certaines des plantes que tu feras pousser fleuriront et donneront même des fruits, et toutes auront de jolies feuilles. C'est une façon peu coûteuse et amusante d'avoir des plantes, pour décorer ta chambre ou pour offrir en cadeau. Certaines plantes poussent à partir de racines, d'autres à partir de graines, de bulbes ou de tubercules. Jette aussi un coup d'œil aux recettes, aux idées de décoration de pots et aux autres activités qui se trouvent dans ce livre.

LE MATÉRIEL

LA MISE EN POT

Tu peux faire pousser tes plantes dans des pots en argile ou en plastique, ainsi que dans bien d'autres contenants – voir les suggestions aux pages 15 et 40. Peu importe le contenant que tu utilises, lave-le bien avec du savon et de l'eau chaude pour éliminer toute saleté. Rince-le ensuite afin qu'il ne reste plus de traces de savon, et assure-toi qu'il soit bien sec avant de faire la mise en pot.

LE TYPE DE TERRE

Plante tes graines et tes racines dans du nouveau terreau. Évite d'utiliser la terre du jardin. Elle peut contenir des insectes, ou peut être contaminée par des plantes malades. Bien au chaud dans ta maison, ces maladies attaqueraient tes nouvelles plantes.

L'ÉCLAIRAGE

Le meilleur endroit pour faire pousser la plupart des plantes est devant une fenêtre ensoleillée, parce qu'elles aiment avoir au moins huit heures de soleil par jour. Les plantes d'intérieur reçoivent beaucoup moins de lumière que les plantes qui poussent à l'extérieur donc, à moins que ta demeure soit particulièrement ensoleillée, elles risquent peu d'être trop exposées au soleil. Cependant, si tu arroses suffisamment tes plantes et que malgré tout elles semblent affaissées, éloigne-les légèrement de la fenêtre.

Les plantes ont besoin de lumière. Elles chercheront donc à en absorber le plus possible en se dirigeant vers elle. Tu dois donc les tourner régulièrement pour qu'elles puissent pousser droites, sans pencher d'un côté ou de l'autre.

L'ARROSAGE

Chaque jour, vérifie si tes plantes ont suffisamment d'eau, surtout au printemps et en été, lorsque la lumière du soleil est forte et que les plantes poussent rapidement. Pour savoir s'il est temps d'arroser tes plantes en pot, touche la terre. Si elle est sèche, ajoute de l'eau jusqu'à ce qu'elle commence à s'écouler par le trou de drainage au fond du pot, puis jette l'eau qui est en trop.

LE GRAVIER

La plupart des plantes seront plus resplendissantes si tu tapisses le fond du pot d'une couche de gravier (ou de cailloux) avant d'y ajouter la terre. Cela permet au surplus d'eau de s'écouler, et ainsi d'éviter que les racines baignent dans l'eau.

Assure-toi que le gravier que tu utilises est propre et sans trace de maladie. Utilise du gravier neuf que tu auras rincé à l'eau chaude et fait sécher. Tu peux aussi utiliser du vieux gravier que tu auras lavé à l'eau savonneuse chaude et bien rincé pour enlever tout savon puis laissé sécher.

CONSEILS

BIEN AU CHAUD

De nombreuses plantes mentionnées dans ce livre viennent des tropiques. Si tu les installes devant une fenêtre, assure-toi alors qu'elles n'auront pas trop froid. La plupart des plantes n'aiment pas non plus les courants d'air. Choisis donc un endroit ensoleillé où elles seront bien au chaud et à l'abri. Tu verras, elles pousseront beaucoup mieux!

DES MINI-SERRES

Certaines plantes aiment l'air chaud et humide, surtout au tout début, lorsqu'elles commencent à germer. Tu peux facilement leur fournir l'atmosphère qui leur convient en recouvrant le pot d'un sac de plastique transparent ou d'une pellicule de plastique. Vérifie régulièrement le sol et arrose dès qu'il te semble un peu sec. Lorsque tu verras de petites pousses, il sera temps d'enlever le sac.

UNE MEILLEURE CROISSANCE

Un fertilisant aidera tes plantes à produire de très jolies feuilles. Cependant, si tu les plantes dans du terreau frais, elles n'auront pas besoin d'être fertilisées avant environ deux mois. Quand de nouvelles feuilles et de nouvelles racines apparaissent, fertilise-les (suis alors les instructions sur l'emballage du produit). Pour les tiges de plantes ou les bulbes qui poussent sur des pierres, ajoute une pincée ou une goutte de fertilisant à l'eau, environ une fois par mois. Fais attention – si tu fertilises trop tes plantes, tu risques de brûler leurs racines.

LES INSECTES NUISIBLES

Si tu vois des insectes ou des toiles d'araignée sur une de tes plantes, éloigne-la vite des autres plantes pour éviter de les infester. Enlève tous les insectes que tu vois. Tu peux aussi laver les feuilles avec de l'eau savonneuse, mais assure-toi ensuite de bien les rincer à l'eau claire.

Le fait d'arroser ou de laver le feuillage de tes plantes deux fois par semaine avec de l'eau tiède aidera à éloigner les insectes. N'utilise pas d'insecticide sur les plantes que tu comptes manger.

POUR DE MEILLEURS RÉSULTATS

Certaines graines et racines ne pousseront pas, peu importe les soins que tu leur auras apportés. Pour ne pas être déçu, plantes-en plusieurs à la fois. Si elles poussent toutes, repique celles qui sont en trop dans un autre pot, ou garde-les toutes dans un même pot pour obtenir un jardin fourni.

LE REMPOTAGE

Plusieurs plantes que tu feras pousser auront des racines fragiles et n'aimeront pas être transplantées. Elles seront plus faciles à rempoter, si tu attends qu'elles aient de fortes tiges et quelques feuilles. Lorsqu'une plante n'a plus de place dans son pot et qu'elle a besoin d'être transplantée dans un plus gros pot, garde autant de terre que possible autour de ses racines.

EN COMMENÇANT PAR LE HAUT

La partie supérieure de plusieurs plants et racines donneront des feuilles qui formeront un très beau jardin. Pour démarrer, la plupart d'entre elles n'ont besoin que d'eau, de soleil et de pierres – pas de terre.

Commence ton jardin fait de tiges avec les plants décrits dans cette section, puis essaie de faire pousser d'autres plants que tu aimes, comme le panais. Les légumes provenant de magasins d'aliments naturels poussent souvent mieux, parce qu'habituellement, ils n'ont pas été traités contre la germination. Si tu plantes des tiges de légumes qui ont déjà des bourgeons ou de petites feuilles, tu obtiendras un jardin plus rapidement.

SOS EAU!

Vérifie tes plantes tous les jours pour t'assurer que le côté coupé est toujours dans l'eau. Si l'eau devient trouble, jette-la et remplace-la.

LES PETITS RAPIDES

Les tiges de légumes te donneront des feuilles plus rapidement que presque tous les autres plants que tu feras pousser. Les feuilles apparaîtront en quelques jours à peine, mais certaines ne durent pas longtemps. Après quelques semaines, elles peuvent commencer à se faner. Remplace alors les plants fanés et très vite, tu auras de nouveau un très joli jardin.

LE GRAND NETTOYAGE

Assure-toi que les cailloux que tu utilises sont propres et exempts de maladies. Utilise de nouveaux cailloux que tu auras rincés à l'eau chaude et bien fait sécher, ou lave les anciens cailloux dans de l'eau chaude savonneuse que tu auras bien rincé pour enlever toute trace de savon, puis laisse sécher. Ne t'inquiète pas si tes cailloux se retrouvent couverts d'algues et deviennent verts; tes hauts de légumes-racines continueront à pousser sans problème.

LA CAROTTE

Pour avoir un jardin de carottes toujours fourni, ajoute des tiges de carottes au fur et à mesure que tu en manges.

COMMENT LES FAIRE POUSSER

1 Tapisse de cailloux le fond d'un bol ou d'un plat creux.

2 Selon la taille de la carotte, demande à un adulte de couper la carotte à environ 0,5 cm des tiges pour les petites carottes, et à 1 cm pour les plus grosses. Tu remarqueras probablement que les grosses carottes poussent mieux que les petites.

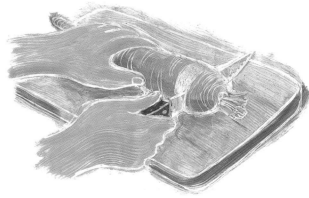

3 Dépose le haut de la carotte sur les cailloux, le côté coupé vers le bas. Installe ton plant devant une fenêtre ensoleillée et vérifie tous les jours à ce que le côté coupé est bien immergé.

GARDE-LE VERT

• Ton jardin de carottes sera encore plus beau, si tu plantes plusieurs tiges dans un bol ou un plat peu profond.

AUTRES IDÉES

Tu peux faire pousser des betteraves de la même façon. Coupe la betterave à 1 cm des feuilles. Lorsque les feuilles seront fanées, continue d'arroser ton plant. Dans quelques mois, il pourrait fleurir.

Des muffins aux carottes et à l'ananas

Après avoir préparé ces succulents muffins, plante les tiges de carottes pour les faire pousser.

IL TE FAUT :

375 ml de farine tout usage

250 ml de sucre blanc

5 ml de poudre à pâte

5 ml de bicarbonate de soude

5 ml de cannelle

1 pincée de sel

150 ml d'huile végétale

2 œufs, battus

5 ml de vanille

250 ml de carottes, finement râpées

1 boîte 284 ml d'ananas broyés, bien égouttés

USTENSILES

18 moules à muffins, un tamis à farine, une tasse et des cuillères à mesurer, un grand bol, une cuillère de bois

1 Préchauffe le four à 180 °C et huile légèrement les moules à muffins.

2 Dans le grand bol, tamise la farine, le sucre, la poudre à pâte, le bicarbonate de soude, la cannelle et le sel, et brasse le tout. Ajoute le reste des ingrédients et mélange bien.

3 Remplis aux deux tiers les moules à muffins. Demande à un adulte de t'aider : fais cuire les muffins pendant 20 minutes ou jusqu'à ce qu'ils soient dorés. Donne 18 muffins.

DEVINETTE

Qu'est-ce qui est orange et traverse le ciel?

Une carotte à réaction!

La patate douce

Que tu les appelles ignames ou patates douces, tu découvriras que ce sont les plus minces et allongées qui poussent le mieux. Choisis une patate douce avec des germes ou de petits bourgeons.

COMMENT LA FAIRE POUSSER

1 Tapisse de cailloux le fond d'un bol ou d'un plat creux. Choisis un bol ou un contenant profond, car ce plant donne beaucoup de racines.

2 Tu auras besoin d'un morceau de patate d'environ 5 cm de long. Demande à un adulte de couper une calotte sur le dessus - à l'extrémité la moins pointue.

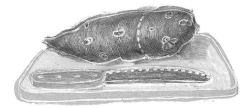

3 Place le morceau sur les cailloux, le côté coupé vers le bas, et installe ton plant devant une fenêtre ensoleillée.

GARDE-LA VERTE

- Vérifie chaque jour si le côté coupé de la patate douce est bien immergé.
- Au début, les feuilles de ta patate seront violettes, puis progressivement, elles deviendront vertes.
- * Si au bout d'une semaine, ta patate n'a toujours pas de feuilles, recommence avec une patate achetée dans un magasin d'aliments naturels.

LE SAVAIS-TU?

Dans le Pacifique Sud, une patate douce peut peser jusqu'à 45 kg, à peu près le poids moyen d'un jeune de 13 ans.

L'ananas

En plus de donner de nombreuses feuilles longues et piquantes, un plant d'ananas poussera pendant des années.

COMMENT LE FAIRE POUSSER

1 Tapisse d'une couche de cailloux le fond d'un bol ou d'un plat creux.

2 Demande à un adulte de couper l'ananas à 2 cm des feuilles.

3 Fais pousser ton ananas sur les cailloux pendant deux ou trois semaines, jusqu'à ce que des racines apparaissent. Transplante-le alors dans un pot rempli de terreau – si possible, mélange un peu de sable à la terre pour reconstituer le type de sol qui convient le mieux à l'ananas. Assure-toi de bien recouvrir de terre la base de l'ananas.

GARDE-LE VERT

• Si tu ne peux pas planter ton ananas tout de suite, n'oublie pas d'asperger d'eau les feuilles pour les garder vertes, fraîches, et en santé jusqu'au moment où tu pourras le planter.

LE SAVAIS-TU?

L'ananas est un symbole de bienvenue. Les autochtones des Antilles avaient l'habitude de placer des ananas à l'entrée des villages.

La décoration des pots

Si tu offres quelques-unes de tes plantes à des amis, pourquoi ne pas en décorer les pots? Tu peux peindre des pots en argile ou en plastique, ou des plats en verre. Assure-toi que les pots soient propres et bien secs avant de les décorer. Les pots en argile sont poreux, donc l'eau suintera de l'intérieur vers l'extérieur et fera boursoufler la peinture que tu auras appliquée. Pour éviter cela, applique deux couches de vernis acrylique à l'extérieur du pot, et laisse bien sécher avant de le décorer.

Voici quelques idées de décoration pour tes pots :

• Trace des motifs à l'aide de tubes de peinture à tissu.

• Peins des motifs avec un pinceau et un pochoir ou une éponge. Utilise de la peinture acrylique. Tu peux aussi ajouter d'autres motifs en utilisant des tampons que tu auras achetés ou fabriqués toi-même en découpant un motif dans une gomme à effacer ou dans une pomme de terre.

• Applique d'abord une couche de couleur unie. Lorsqu'elle sera complètement sèche, applique un motif d'une autre couleur. Tu peux aussi coller des perles, des coquillages, des boutons, etc.

• Projette de la peinture à l'eau à l'aide d'une brosse à dents et d'un bâtonnet ou d'un vieux crayon. Trempe les poils de la brosse dans la peinture, vise le pot et frotte les poils de la brosse à l'aide du bâtonnet ou du crayon. Lorsque cette peinture aura séché, nettoie bien la brosse à dents, puis recommence avec une autre couleur.

• Trempe un bâtonnet dans la peinture et laisse-la dégouliner le long du bâtonnet, sur le pot.

Le navet

*Ce n'est pas ton légume préféré?
Tu changeras peut-être d'avis lorsque tu
te rendras compte quel joli jardin
il peut donner.*

COMMENT LE FAIRE POUSSER

1 Tapisse d'une couche de cailloux le fond d'un bol ou d'un plat creux.

2 Demande à un adulte de couper une calotte sur le dessus du navet (l'extrémité comprenant quelques bourgeons de feuille et non la pointe où il y a les racines). Coupe 1 cm d'épaisseur pour un petit navet et 2,5 cm pour un gros navet.

3 Dépose le haut du navet sur les cailloux, le côté coupé vers le bas. Installe ton plant devant une fenêtre ensoleillée.

GARDE-LE VERT

• Si tu arroses beaucoup tes tiges de navet et que tu l'exposes au soleil, ton plant pourrait donner de petites fleurs jaunes.

• Après une semaine, si ton navet n'a toujours pas de feuilles, recommence avec un autre navet, acheté dans un magasin d'aliments naturels.

DEVINETTE

Quel légume peux-tu voir au cinéma?

Un navet (c'est-à-dire un mauvais film).

AUTRES IDÉES

Tu peux planter des radis de la même façon. Utilise de gros radis frais et fermes et coupe-les à environ 0,5 cm des tiges.

Un jardin en carton

Les contenants de lait et de jus en carton font de très jolis pots, peu coûteux. Lave bien le contenant avec de l'eau savonneuse et fais-le sécher. Colle ensuite son ouverture. Découpe un des côtés tel qu'indiqué sur l'illustration. Décore l'extérieur avec de la peinture pour affiche ou de la peinture au latex. Tapisse le fond d'une couche de cailloux, puis ajoute tes plantes.

UN JARDIN EN CADEAU

Un assortiment de plantes peut faire l'objet d'un très joli cadeau. Par exemple, tu peux disposer les tiges de différentes plantes dans un contenant décoré (voir ci-dessous, ainsi que les pages 13 et 40). Si tu préfères, place-les sur des cailloux colorés! Dans un pot ou une jardinière suspendue, tu peux aussi faire pousser un assortiment d'herbes aromatiques ou d'autres plantes comestibles (voir pages 17, 20, 23, etc.).

N'oublie pas d'étiqueter chaque plante pour l'identifier, et d'indiquer les directives d'entretien. Pour fabriquer les étiquettes, utilise les bâtonnets fournis avec les plantes achetées dans une pépinière. Peins-les des deux côtés avec de la peinture acrylique. Lorsque la peinture est sèche, inscris le nom de la plante, et si tu le désires, fais le dessin de ce qu'elle deviendra. Confectionne une étiquette en forme de feuille sur laquelle tu inscriras les soins requis, et fixe-la au pot.

GRAINES, PÉPINS ET NOYAUX

Les graines peuvent être aussi petites que les minuscules points noirs que tu trouves dans le kiwi, ou aussi grosses que le noyau d'un avocat. Elles ont toutes une chose en commun : plusieurs deviendront des plantes si tu t'en occupes bien.

COMBIEN EN PLANTER?

Le nombre de graines que tu plantes dans chaque pot dépend de la taille de tes graines et de celle de ton pot. Dans un pot de 10 cm de diamètre, tu peux probablement planter cinq graines de taille moyenne. Lorsque les plants commenceront à germer, arrache les plus faibles pour donner plus de place aux plus forts.

UN LÉGER FRISSON

Avant de germer, certaines graines ont besoin d'avoir l'impression de passer un hiver. Pour cela, dépose quelques graines dans un petit sac rempli de terreau humide, ferme le sac hermétiquement et mets-le au réfrigérateur. Vérifie souvent que la terre est bien humide. Tu devras laisser les graines au froid pendant une période de six à huit semaines. Les scientifiques appellent ce phénomène la « stratification ».

Le haricot

Qu'il s'agisse du haricot vert, du haricot de Lima, du haricot noir ou du haricot Pinto, tu peux tous les faire pousser.

COMMENT LES FAIRE POUSSER

1 Si tu plantes des haricots secs, rince-les, puis fais-les tremper pendant toute une nuit dans l'eau pour les attendrir. Si tu plantes des haricots frais, extrais les graines des gousses avant de les planter.

2 Tapisse de gravier le fond d'un pot, puis remplis le pot presque entièrement avec du terreau. Tasse légèrement le terreau pour éliminer les poches d'air.

3 Dépose quelques haricots dans le pot, puis recouvre-les de 1 cm de terreau. Garde le sol humide jusqu'à ce que les graines germent, ce qui ne prendra que quelques jours.

GARDE-LES VERTS

• Installe tes plants de haricots devant une fenêtre ensoleillée et arrose-les bien. Dans quelques mois, ils produiront de petites fleurs rose pâle, et des haricots que tu pourras manger.

• S'il fait suffisamment chaud dehors, tu peux transplanter les haricots dans le jardin. Ils pousseront plus vite et seront plus gros que si tu les laisses à l'intérieur. Garde beaucoup de terre autour des racines lorsque tu retires les plants de leur pot. Choisis un endroit ensoleillé du jardin, où il y a de la bonne terre.

DEVINETTE

Quel légume coûte le moins cher?

Le haricot, parce que lorsqu'on travaille pour rien, on travaille pour des haricots.

Le melon d'eau

Miam! Déguste une tranche de melon d'eau bien juteuse par un bel après-midi d'été, et n'oublie pas d'en planter les pépins.

COMMENT LES FAIRE POUSSER

1 Récolte les pépins d'un melon d'eau bien mûr. Rince-les avant de les planter, sinon la pulpe autour des graines risque de faire moisir les pépins.

2 Tapisse de gravier le fond d'un pot, puis remplis-le presque entièrement de terreau. Tasse légèrement le terreau pour éliminer les poches d'air.

3 Dépose quelques pépins dans le pot et recouvre-les de 1 cm de terreau. Garde les pépins humides. Il te faudra peut-être les arroser tous les jours.

GARDE-LES VERT

• Si tu veux que ton plant de melon d'eau fleurisse, installe-le devant une fenêtre ensoleillée.

• Nourris ton plant avec de l'engrais liquide, une fois par semaine.

• Si tu veux transplanter ton plant de melon d'eau à l'extérieur, suis les explications de la page 17.

LE SAVAIS-TU?

Le plus gros melon d'eau jamais découvert pesait 119 kg. C'est plus que le poids de la plupart des hommes adultes.

Un collier de pépins et noyaux

Et pourquoi ne pas enfiler des pépins et noyaux pour en faire un joli collier exceptionnel! Utilise ceux qui auront été soigneusement lavés afin d'éliminer toute pulpe.

- Mesure la longueur de fil désirée pour le collier, et ajoutes-y au moins 15 cm. Enfile une aiguille et fais un triple nœud à l'une des extrémités du fil. Tout en transperçant les pépins ou les noyaux avec l'aiguille, enfile-les.

- Lorsque le collier est de la longueur désirée, noue ensemble les deux extrémités du fil et coupe les bouts en trop. Tu peux mettre un peu de vernis à ongles sur le nœud pour qu'il soit plus solide.

- Tu peux aussi colorer les pépins et les noyaux. Il est alors préférable de choisir des pépins et des noyaux pâles, comme ceux des melons, ou choisir des pois ou des haricots. Dépose les pépins et les noyaux dans un bol qui n'absorbera pas la teinture, puis ajoute du colorant alimentaire pour les recouvrir complètement. Laisse tremper pendant quelques heures ou même toute la nuit.

- Mets les pépins et les noyaux dans une passoire et lave-les bien sous l'eau courante, jusqu'à ce que l'eau de rinçage soit claire. Dépose les pépins dans une assiette de verre et assèche-les avec un essuie-tout. Teins les graines avec différents colorants pour obtenir une plus grande variété.

- Tu peux aussi enfiler les pépins et les noyaux sur un fil élastique ou nouer un fermoir aux extrémités. Exerce-toi à les enfiler en piquant l'aiguille au centre de chacun ou à l'une des extrémités, ou encore en alternant pour créer un motif. Tu peux aussi fabriquer des bracelets, des boucles d'oreilles, des broches ou d'autres bijoux à porter avec ton collier.

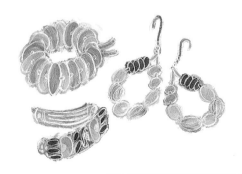

Des graines de sésame

Tu trouveras ces graines dans l'armoire à épices. Ces plants donnent des feuilles étranges, toutes velues et collantes.

COMMENT LES FAIRE POUSSER

1 Tapisse de gravier le fond d'un pot, puis remplis-le presque entièrement de terreau. Tasse légèrement le terreau pour éliminer les poches d'air. Déposes-y beaucoup de graines de sésame et recouvre-les avec un peu de terreau.

2 Recouvre le pot d'un sac de plastique transparent ou d'une pellicule de plastique. Quelques jours plus tard, lorsque des pousses commenceront à apparaître, retire le sac.

3 Garde le sol humide et installe le pot devant une fenêtre ensoleillée.

GARDE-LE VERT

• Si tu fais pousser toutes tes graines dans le même pot, elles risquent de mourir en quelques mois. Lorsque tu transplanteras tes plantes dans de nouveaux pots, garde beaucoup de terreau autour des racines.

• Si ton plant est bien exposé au soleil, il donnera des fleurs rose pâle. En quelques mois, tu pourras même obtenir des gousses remplies de graines de sésame.

AUTRES IDÉES

Tu peux faire pousser des graines de céleri et des graines de moutarde de la même façon. Lorsque les graines de moutarde atteindront 7,5 cm de haut, parsèmes-en tes salades. Essaie aussi avec des graines d'aneth. Recouvre-les de 1 cm de terreau et, dans un mois, tu obtiendras des feuilles que tu pourras utiliser pour cuisiner.

Des barres aux graines de sésame

Des barres tendres… un vrai régal!

IL TE FAUT :

375 ml de flocons d'avoine à cuisson rapide

125 ml de cassonade

175 ml de noix de coco desséchée

125 ml de graines de sésame

15 ml de farine tout usage

125 ml d'huile végétale

75 ml de miel liquide

10 ml de vanille

USTENSILES

Une tasse et des cuillères à mesurer,
une cuillère de bois, un grand bol,
un plat rectangulaire d'une capacité
de 3 litres tapissé de papier aluminium,
une spatule, un couteau,
du papier ciré

1 Préchauffe le four à 120 °C.

2 Verse tous les ingrédients dans le bol et mélange bien.

3 Verse la préparation dans le plat rectangulaire et lisses-en la surface avec la spatule humectée.

4 Demande à un adulte de t'aider : fais cuire les barres au four, sur la grille supérieure, pendant 1 heure.

5 Laisse refroidir 5 minutes. Demande à un adulte de découper les barres, puis de les retirer du plat pendant qu'elles sont encore chaudes. Range-les en séparant chaque couche d'une feuille de papier ciré.

LE SAVAIS-TU?

D'où vient la formule magique d'Ali Baba « Sésame, ouvre-toi! »? Les gousses des graines de sésame éclatent lorsqu'elles sont mûres, un peu comme une porte qui s'ouvre toute seule lorsqu'on prononce la formule magique.

L'orange

Les directives qui suivent peuvent aussi servir à faire pousser des graines de citron, de pamplemousse et de mandarine. Tous les plants d'agrumes donnent de très jolies feuilles sombres et brillantes.

COMMENT LES FAIRE POUSSER

1. Tapisse le fond d'un pot de gravier, puis remplis-le presque entièrement de terreau.

2. Broie la moitié d'une coquille d'œuf et ajoute-la au terreau; elle contient des éléments nutritifs essentiels aux orangers. Tasse légèrement le terreau pour éliminer les poches d'air.

3. Prends les pépins d'une orange bien mûre. Mets-en quelques-uns dans le pot et couvre-les avec un peu de terreau.

4. Recouvre le pot d'un sac de plastique transparent ou d'une pellicule de plastique. Garde le sol humide et installe le pot devant une fenêtre ensoleillée. Dans environ trois semaines, des pousses apparaîtront et tu pourras retirer le sac.

GARDE-LES VERTS

- Range les orangers dans un endroit ensoleillé.

- Les arbres pousseront lentement, mais si tu ajoutes de l'engrais, ils pousseront plus rapidement.

- Avec beaucoup de soleil et de temps, tes orangers pourraient fleurir. Il est cependant peu probable qu'ils donnent des fruits, car il faudrait alors avoir plusieurs orangers pour qu'ils puissent se polliniser les uns les autres.

LE SAVAIS-TU?

Le mot « orange » vient de l'arabe « narandj ».

Le petit pois

Difficile d'obtenir de petits pois plus frais que ceux-ci!

COMMENT LES FAIRE POUSSER

1 Ouvre des cosses de pois et utilise les pois frais qu'elles contiennent. Ou sers-toi de pois secs que tu auras fait tremper toute la nuit.

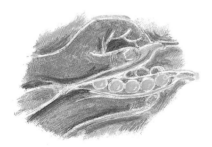

2 Tapisse de gravier le fond d'un pot, puis remplis-le presque entièrement de terreau. Tasse légèrement le terreau pour éliminer les poches d'air. Mets quelques pois dans le pot et recouvre-les avec environ 2,5 cm de terreau.

3 Laisse le sol sécher juste un peu entre chaque arrosage.

GARDE-LES VERTS

• Puisque les plants de pois sont des vignes, tu devras les soutenir avec des tuteurs ou des crayons au fur et à mesure qu'ils grandiront. Fais attention aux vrilles qui s'attachent d'elles-mêmes aux supports.

• Fais pousser tes petits pois dans un endroit frais et ensoleillé, et ils fleuriront peut-être. Il se peut que tu obtiennes même des cosses, surtout si tu ajoutes de l'engrais à toutes les deux semaines.

• Si tu veux transplanter tes plants de pois à l'extérieur, suis les directives de la page 17.

DEVINETTE

Dans quel conte de fée parle-t-on de ce légume?

La princesse aux petits pois

L'arachide

Observe les fleurs d'arachide perdre leurs pétales, puis courber vers le sol et enfin pousser pour donner des arachides.

COMMENT LES FAIRE POUSSER

1 Assure-toi d'utiliser des arachides fraîches, non rôties. Tu peux les acheter dans les pépinières ou dans les magasins d'aliments naturels. Si elles sont en écales, tu dois les écaler.

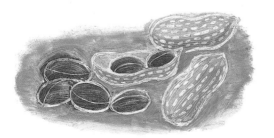

2 Tapisse de gravier le fond d'un pot, puis remplis-le de terreau. Tasse légèrement le terreau pour éliminer les poches d'air.

3 Mets quelques arachides dans le pot et recouvre-les d'environ 2,5 cm de terreau. Garde le sol humide et installe le pot devant une fenêtre ensoleillée.

GARDE-LES VERTS

• Surveille tes plants d'arachides… les feuilles se replient la nuit – c'est la position qu'elles adoptent pour « dormir ».

• Pour observer les fleurs devenir des arachides, plante tes graines dans un pot transparent, tout près du bord.

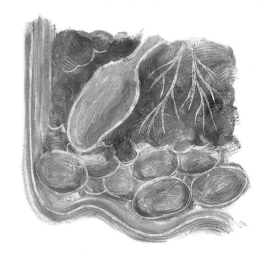

LE SAVAIS-TU?

Avec des arachides, on peut fabriquer du fromage, de l'encre et du savon, et plus de 300 autres produits, dont la teinture pour le bois et les panneaux isolants. Les arachides ne sont pas des noix. Elles appartiennent à la même famille que les haricots.

Les graines à peindre

Les arachides sont des graines idéales à peindre, mais tu peux aussi les utiliser pour créer des images et décorer. Mélange-les avec d'autres graines, par exemple des graines de melon ou de fève, ou avec des pépins de pomme, de papaye ou d'orange. Tu obtiendras ainsi tout un éventail de formes et de tailles différentes pour effectuer tes bricolages.

- Tu peux utiliser les graines au naturel ou les colorer – voir les instructions à la page 19. Assure-toi de teindre les graines dans des bols qui n'absorberont pas la teinture (des bols en verre ou en métal) et de choisir des couleurs que tu aimes et qui s'agencent bien.

- Utilise de la colle blanche pour dessiner un motif sur une feuille de papier, puis colle les graines le long du tracé, ou applique une fine couche de colle sur toute la surface du papier et couvre-la de graines. N'utilise pas trop de colle, sinon ton projet sera long à sécher, et si tu travailles sur du papier mince, il risque de gondoler. Si tu veux recouvrir une grande surface de graines, travaille par petites sections afin d'éviter que la colle sèche avant que tu n'aies terminé.

- En plus de créer des dessins avec les graines, tu peux aussi les utiliser pour recouvrir des boîtes de conserve, afin d'y ranger des crayons ou d'autres objets. Tu trouveras peut-être plus facile de découper d'abord une feuille de papier de bricolage assez grande pour entourer la boîte, puis de coller tes graines directement sur le papier selon le motif que tu recherches.

- Lorsque la colle est sèche, colle le papier sur la boîte. Avec des graines, tu peux aussi décorer un panier ou le cadre d'une photo. Tu peux coller de plus grosses graines, et en parsemer la surface de graines plus petites pour remplir les espaces vides.

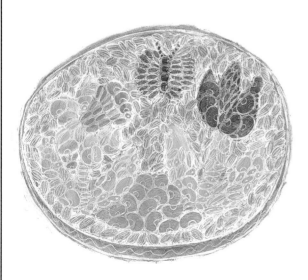

La pomme

Le pommier pousse lentement, mais il dure longtemps si tu t'en occupes bien.

COMMENT LE FAIRE POUSSER

1 Suis les instructions de la page 16 pour réfrigérer les pépins avant de les planter. Garde-les au réfrigérateur pendant environ huit semaines et garde le terreau humide – vérifie-le une fois par semaine.

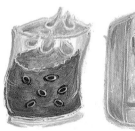 

2 Tapisse de gravier le fond d'un pot et remplis-le de terreau. Tasse légèrement le terreau pour éliminer les poches d'air. Dépose quelques pépins dans le pot et recouvre-les avec un peu de terreau.

GARDE-LES VERTS

• Les pommiers ont besoin d'une période de repos en hiver. Pendant cette période, garde tes plants dans un endroit frais. Tu n'auras besoin de les arroser qu'environ deux fois par mois. Pendant le reste de l'année, tu devras les arroser au moins une fois par semaine.

DEVINETTE

Qu'y a-t-il de pire que de trouver un ver dans la pomme que tu manges?

Y trouver la moitié d'un ver!

26

Des pommes au four

Elles sont délicieuses servies avec du yogourt, de la crème glacée ou de la crème fouettée. Lorsque tu retires le cœur de la pomme, n'oublie pas de planter les pépins.

IL TE FAUT :

250 ml d'eau

75 ml de sucre blanc

75 ml de cassonade

15 ml de beurre

15 ml de jus de citron

2 ml de cannelle

1 pincée de muscade

1 pincée de clous de girofle

3 pommes

150 ml de raisins secs

USTENSILES

Une tasse et des cuillères à mesurer,
une petite casserole, une cuillère de bois,
un petit couteau pointu,
un plat creux allant au four

1 Préchauffe le four à 190 °C.

2 Dans la casserole, mélange ensemble l'eau, le sucre, la cassonade, le beurre, le jus de citron et les épices.

3 Demande à un adulte de t'aider : amène le mélange à ébullition, puis baisse à feu moyen afin que la préparation cuise, sans bouillir, pendant 10 minutes.

4 Coupe les pommes en deux et enlève le cœur. Dispose les demi-pommes dans le plat à cuisson, le côté coupé vers le haut, et remplis-les de raisins secs. Verse dessus la préparation sucrée.

5 Demande à un adulte de t'aider : fais cuire les pommes à découvert, durant 30 à 45 minutes ou jusqu'à ce qu'elles soient tendres. Pendant la cuisson, badigeonne-les souvent avec la préparation sucrée. Donne 6 portions.

Le kiwi

Un seul kiwi te fournira des centaines de graines noires.

COMMENT LES FAIRE POUSSER

1 Avec les doigts ou un essuie-tout, nettoie bien les graines pour qu'il ne reste plus de pulpe autour, sinon elles risquent de moisir une fois plantées.

2 Suis les instructions de la page 16 pour réfrigérer les graines. Garde-les au réfrigérateur pendant environ six semaines et garde le terreau humide – vérifie-le une fois par semaine.

3 Tapisse de gravier le fond d'un pot, puis remplis-le de terreau. Tasse légèrement le terreau pour éliminer les poches d'air. Dépose quelques graines dans le pot et recouvre-les avec un peu de terreau.

4 Couvre le pot d'un sac de plastique transparent ou d'une pellicule de plastique et installe-le devant une fenêtre ensoleillée. Garde le sol humide et retire le sac environ deux semaines plus tard, lorsque tu verras des pousses apparaître.

GARDE-LE VERT

• Le plant du kiwi est une vigne. Tu dois donc lui fournir un support pour qu'il puisse grimper.

AUTRES IDÉES

Tu peux faire pousser des amandes de la même façon que les kiwis. Plante une seule amande par pot. Lorsque ton plant aura bien pris, demande à un adulte de t'aider à pincer le sommet des tiges pour que ton plant soit feuillu et bien fourni.

La papaye

Les papayes deviennent jaunes lorsqu'elles sont mûres et que les pépins sont prêts pour la semence.

COMMENT LES FAIRE POUSSER

1 Avec les doigts, dégage chacun des pépins de la pellicule qui les entourent, puis sèche-les avec un essuie-tout.

2 Tapisse de gravier le fond d'un pot, puis remplis-le de terreau. Tasse légèrement le terreau pour éliminer les poches d'air. Dépose quelques graines dans le pot et recouvre-les d'environ 1 cm de terreau.

3 Recouvre le pot d'un sac en plastique transparent ou d'une pellicule de plastique et installe-le devant une fenêtre ensoleillée. Garde le sol humide et retire le sac dans environ deux semaines, lorsque des pousses apparaîtront.

GARDE-LES VERTS

- Donne beaucoup de lumière à tes plants de papaye et fertilise-les (suis bien les directives sur l'emballage du produit). Garde-les dans un endroit humide, loin des courants d'air.

- Les pépins de papaye sont facilement attaqués par la moisissure, donc arrose seulement lorsque le terreau commence à être sec au toucher.

LE SAVAIS-TU?

En Amérique centrale, on sait depuis des centaines d'années que la papaye contient une substance appelée papaïne, qui attendrit la viande. Aujourd'hui, la papaïne est souvent utilisée pour attendrir la viande qu'on achète à l'épicerie.

AUTRES IDÉES

Les grenades peuvent être plantées de la même façon que les papayes, mais les pousses peuvent prendre jusqu'à quatre semaines avant d'apparaître. Assure-toi de garder le terreau humide, sauf en hiver, lorsque les plantes sont au repos.

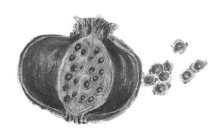

La mangue

Tu peux utiliser n'importe quelle sorte de mangue mûre.

COMMENT LA FAIRE POUSSER

1 Retire le noyau d'une mangue et frotte-le bien. Demande à un adulte de retirer la pulpe qui y adhère, avec un couteau dentelé. Laisse le noyau sécher toute la nuit.

2 Pour retirer la pelure du noyau, demande à un adulte de faire une petite entaille dans l'écorce, là où tu vois un léger renfoncement. Sépare délicatement les extrémités de l'écorce. Fais attention pour ne pas endommager le noyau.

3 Tapisse de gravier le fond d'un pot, puis remplis-le de terreau. Tasse légèrement le terreau pour éliminer les poches d'air. Dépose le noyau à plat dans le pot et recouvre-le d'environ 0,5 cm de terreau.

4 Recouvre le pot d'un sac de plastique transparent ou d'une pellicule de plastique et installe-le devant une fenêtre ensoleillée. Maintiens le terreau humide et retire le sac environ trois semaines plus tard, lorsque des pousses apparaissent.

GARDE-LE VERT

• Ton plant de mangue a besoin de beaucoup de soleil. Ses feuilles, d'un rouge brillant au début, deviennent vertes en quelques semaines.

DEVINETTE

Un plant de mangue demande à un autre plant de mangue : pourquoi es-tu si rouge?

Parce que j'ai attrapé un coup de soleil!

Une salade de fruits

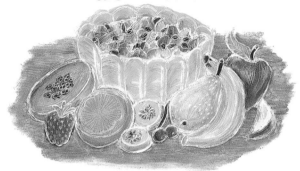

Mangue, melon d'eau, orange, pomme, kiwi… mélange tous les fruits de cette section et tu obtiendras une délicieuse salade de fruits. Tu peux aussi y ajouter des bananes, de petits fruits, des poires, des pêches, des raisins ou d'autres fruits.

- Choisis des fruits de différentes couleurs et coupe-les de diverses formes et tailles.

- Verse du jus d'orange sur la salade pour éviter que les fruits se dessèchent et brunissent. Le jus des fruits contient de l'acide ascorbique qui empêche la chair des fruits de noircir. Tu peux aussi utiliser du jus de citron, de pamplemousse ou de raisin.

- Si tu veux, tu peux sucrer ta salade en y ajoutant un peu de sucre blanc de la cassonade, du miel ou du sirop d'érable.
- Ajoute du croquant à ta salade en la parsemant de noix ou de müesli.

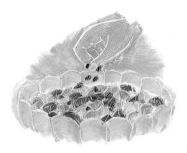

- Si tu ne comptes pas faire pousser ton plant d'ananas (voir page 12), coupe le fruit et ses feuilles en deux, dans le sens de la hauteur, tel qu'illustré ci-dessous. Évide le fruit et sers-toi de l'écorce comme d'un bol. Tu peux aussi servir ta salade de fruits dans des écorces de melons, d'avocats ou d'oranges évidées.

- Sers la salade de fruits telle quelle ou garnis-la de yogourt, de crème glacée, de meringue et accompagne-la de pain d'épice.

L'avocat

L'avocat qui te donnera le meilleur résultat une fois planté, est un gros avocat à peau verte, très mûr.

COMMENT LE FAIRE POUSSER

1 Frotte le noyau d'avocat pour enlever la peau brune qui le recouvre.

2 Demande à un adulte de t'aider à enfoncer des cure-dents autour du noyau.

3 Dépose le noyau en équilibre sur le bord d'un verre de sorte que l'extrémité plate soit vers le bas et que le tiers inférieur soit dans l'eau (voir l'illustration ci-dessous). Installe le verre dans un endroit chaud, pas trop ensoleillé.

4 Maintiens l'eau au même niveau et change-la chaque semaine.

5 Lorsque les racines mesureront au moins 7,5 cm, plante l'avocat dans un petit pot de sorte que la moitié du noyau ressorte du terreau. Ton plant poussera mieux dans un endroit chaud et ensoleillé.

GARDE-LE VERT

• Assure-toi que le terreau reste toujours humide, mais pas détrempé.

• Ton plant d'avocat aura besoin d'une période de repos l'hiver. Laisse bien sécher le terreau entre les arrosages – mais ne laisse pas la plante flétrir – jusqu'à ce que de nouvelles feuilles poussent au printemps.

DEVINETTE

Qu'est-ce qui est jaune à l'intérieur et vert à l'extérieur?

Une banane déguisée en avocat.

Le guacamole

Servi avec des croustilles au maïs, quel délice! Cette recette te fournira deux noyaux d'avocat à faire pousser.

IL TE FAUT :

2 avocats bien mûrs

250 ml de mayonnaise

½ oignon, finement haché

1 tomate de taille moyenne, hachée

du sel et du poivre, au goût

10 ml de jus de citron

1 à 4 gouttes de sauce au piment

USTENSILES

Un petit couteau,
un bol de taille moyenne,
une fourchette
et de la pellicule de plastique

1 Pèle et dénoyaute les avocats avec le couteau. Mets la chair des avocats dans le bol et réduis-la en purée avec la fourchette.

2 Ajoute le reste des ingrédients à la purée d'avocats et mélange bien. Ajoute plus de sauce au piment si tu aimes le guacamole épicé.

3 Recouvre le bol d'une pellicule de plastique de sorte qu'elle touche la surface du guacamole; cela évitera que ta préparation noircisse.

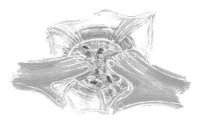

4 Garde ton guacamole au réfrigérateur toute la nuit ou jusqu'à ce que les saveurs soient bien mélangées.

DE BAS EN HAUT

Les plantes de cette section poussent toutes à partir de tubercules ou de bulbes.
Le tubercule est la partie de la tige recouverte d'excroissances qui pousse dans le sol et peut bourgeonner. Il pousse souvent en travers ou en bordure du sol. Un bulbe renferme tout ce dont la plante a besoin pour produire des feuilles (et des fleurs), et fait pousser les feuilles vers le haut et les racines vers le bas.

Certaines plantes de cette section poussent dans le sol, d'autres sur des cailloux, et d'autres encore, des deux façons. Suis les instructions indiquées pour chacune d'elles afin d'obtenir de jolies feuilles, des fleurs superbes, et même quelques légumes que tu pourras manger.

L'ail

L'ail pousse en bulbes formés à partir de plusieurs petits morceaux appelés « gousses ».

COMMENT LES FAIRE POUSSER

1 Tapisse de cailloux le fond d'un bol ou d'un plat creux.

2 Enlève la pellicule qui recouvre les gousses d'ail et dispose chacune d'elles à la verticale sur les cailloux, afin que l'extrémité pointue soit vers le haut, et l'extrémité où elles sont attachées ensemble repose sur les cailloux. Tu peux ajouter des cailloux pour t'aider à maintenir la gousse d'ail à la verticale (consulte la page 8 pour avoir d'autres conseils sur la façon de faire pousser des plantes sur des cailloux).

3 Verse suffisamment d'eau pour couvrir la base des gousses.

GARDE-LES VERTES

- Installe tes gousses d'ail devant une fenêtre ensoleillée afin que les pousses deviennent vert foncé.

- Tu peux manger les tiges qui auront poussé à partir des bulbes d'ail. Coupe tout simplement les pointes et ajoute-les dans tes salades ou tout autre mets auquel tu veux donner un petit goût d'ail.

EN CUISINE

Chaque gousse d'ail que tu plantes dans du terreau, te donnera un bulbe qui peut être consommé. Tapisse d'une couche de cailloux (pour le drainage) le fond d'un pot, puis remplis-le à moitié de terreau. Déposes-y des gousses d'ail, pointes dirigées vers le haut, et recouvre-les d'environ 2,5 cm de terreau.

Installe ton pot devant une fenêtre ensoleillée et laisse le terreau sécher un peu entre chaque arrosage. Fertilise tes plants deux fois par mois. Tu devras prendre soin de ton ail pendant quelques mois avant d'obtenir des bulbes. Si tu veux, tu peux planter, de la même façon, tes gousses d'ail à l'extérieur.

AUTRES IDÉES

Place des oignons, racines vers le bas, dans un plat rempli de cailloux, et fais-les pousser de la même façon que l'ail.

La pomme de terre

Non seulement tes plants de pomme de terre atteindront 1 mètre de haut et auront des fleurs violettes, mais ils te donneront aussi de petites pommes de terre que tu pourras manger.

COMMENT LA FAIRE POUSSER

1 Choisis une vieille pomme de terre qui a des germes ou des rejets. Coupe-la en morceaux de sorte que chacun ait au moins un germe ou un rejet.

2 Laisse tes morceaux de pomme de terre devant une fenêtre ensoleillée pendant deux jours pour les faire sécher et durcir un peu (pour les empêcher de pourrir dans le sol).

3 Tapisse d'une couche de gravier le fond d'un pot, et remplis-le à moitié de terreau. Dépose les morceaux de pomme de terre, côté du germe ou rejet vers le haut, et recouvre-les d'environ 2,5 cm de terreau.

GARDES-LES VERTES

• Installe tes pommes de terre sur le rebord d'une fenêtre ensoleillée et arrose-les lorsque la terre devient sèche.

• Si l'une des pommes de terre sort du terreau, ajoute un peu de terre pour la recouvrir. Sinon, elle deviendra verte et sera toxique.

LE SAVAIS-TU?

Les flocons de pomme de terre servent parfois de flocons de neige dans les films!

Les fleurs séchées

Avec beaucoup de patience et du soleil, tes plantes fleuriront. Pour garder tes fleurs très longtemps, fais-les sécher.

La méthode de séchage présentée ci-dessous s'applique à toutes les fleurs, mais elle est plus efficace pour les fleurs plates et peu épaisses. Tu peux aussi faire sécher des feuilles. Garde les fleurs en souvenir des plantes que tu auras fait pousser, ou suis les directives ci-dessous pour fabriquer des cadeaux et des cartes.

1 Dispose des fleurs ou des feuilles fraîchement cueillies entre deux feuilles d'essuie-tout, puis place-les entre les pages centrales d'un gros livre.

2 Mets le livre dans un endroit chaud et sec, et place d'autres livres lourds dessus.

3 Après une semaine, vérifie tes fleurs ou tes feuilles pour voir si elles sont sèches. Fais attention, elles sont fragiles. Si elles sont humides ou si elles collent a l'essuie-tout, remets-les entre deux feuilles d'essuie-tout, puis entre les pages du livre et laisse-les sécher une semaine de plus avant de vérifier de nouveau.

4 Une fois sèches, colle tes plantes sur du papier et recouvre-les d'une pellicule de plastique transparente et autoadhésive. Tu peux aussi fabriquer des signets, des étiquettes pour cadeaux, ou des cartes.

Le gingembre

Ce sont ces étranges nœuds et boursouflures sur les morceaux de gingembre qui donneront des tiges avec de longues feuilles vertes.

COMMENT LE FAIRE POUSSER

1 Tapisse d'une couche de cailloux le fond d'un pot, puis remplis-le de terreau.

2 Dépose le morceau de gingembre à plat dans le pot et recouvre-le avec un peu de terreau. Les jardiniers disent que le gingembre aime avoir le « dos » à l'air.

3 Garde le sol humide et installe le pot devant une fenêtre ensoleillée, pour garder le gingembre bien au chaud.

GARDE-LES VERTS

- Le gingembre produit des tiges qui poussent rapidement. Ne t'inquiète pas si certaines d'entre elles meurent; elles seront rapidement remplacées par de nouvelles pousses.

- En deux mois, tes tiges de gingembre pourraient atteindre 1 mètre de haut. Ne les mange pas crues, mais tu peux couper un petit bout d'une extrémité et l'utiliser dans tes recettes.

DEVINETTE

Pour éloigner un animal qui veut manger dans ton potager, saupoudre du poivre de Cayenne sur un périmètre de 12 cm.

Des biscuits au gingembre et aux amandes

Achète un gros morceau de gingembre afin d'en avoir suffisamment pour préparer ces biscuits, et garde un bout pour le planter.

IL TE FAUT :

125 ml de beurre, ramolli

500 ml de cassonade

2 œufs

5 ml de vanille

50 ml de gingembre frais, finement haché

750 ml de farine tout usage

5 ml de bicarbonate de soude

175 ml d'amandes grillées, hachées

USTENSILES

Un grand bol,
une tasse et des cuillères à mesurer,
une cuillère de bois, du papier ciré,
un petit couteau,
des plaques à biscuits tapissées
de papier d'aluminium

1 Dans le grand bol, mélange le beurre et la cassonade. Incorpore les œufs et la vanille jusqu'à ce que tu obtiennes une préparation crémeuse. Ajoute le gingembre.

2 Ajoute la farine, le bicarbonate de soude et les noix. Mélange bien.

3 Façonne la pâte en un rouleau d'environ 5 cm de diamètre et 35 cm de long. Enveloppe la pâte dans du papier ciré et laisse-la reposer au réfrigérateur pendant au moins 4 heures.

4 Préchauffe le four à 200 °C. Demande à un adulte de t'aider : coupe le rouleau en tranches de 0,5 cm d'épaisseur. Dispose ensuite les tranches sur les plaques à biscuits, en les espaçant de 1 cm. Demande à un adulte de t'aider à faire cuire les biscuits au four pendant 10 à 12 minutes, ou jusqu'à ce qu'ils soient dorés. Sors-les du four et laisse-les refroidir sur une grille. Donne environ 60 biscuits.

La décoration des pots

Tu peux décorer des pots en plastique ou en argile. Tout d'abord, assure-toi que tes pots sont propres et secs. Ensuite, lis ce qui suit pour faire des pièces uniques! (Consulte la page 13 pour savoir comment préparer les pots en argile avant de les décorer.)

- Mélange à part égale, dans un contenant, de la colle blanche et de l'eau. Trempe ensuite des lanières de papier de couleur dans ce mélange, place-les sur le pot et lisse-les. Lorsque ton pot est sec, applique deux couches de vernis acrylique.

- Colle des perles, des boutons ou des fleurs séchées (voir page 37).

- Décore un pot d'une ficelle colorée. Peins la ficelle, recouvre le pot de colle et tourne la ficelle autour du pot. Ou utilise la ficelle pour faire un motif sur le pot.

- Donne un air antique à ton pot en utilisant du ruban-cache et du cirage à chaussures liquide brun. Recouvre ton pot de ruban-cache. Secoue bien le cirage, puis étale une couche sur le pot. Laisse sécher, puis ajoute d'autres couches au besoin. Assure-toi que le pot est sec entre chaque application. Lorsque ta dernière couche de cirage sera sèche, applique deux couches de vernis acrylique.

AUTRES CONTENANTS

Tu peux utiliser bien des contenants autres que les pots à fleurs pour faire pousser tes plants : des boîtes de conserve, des verres, des contenants en plastique, des tasses et des soucoupes, etc. N'oublie pas de mettre une soucoupe ou tout autre plat étanche sous ton contenant, pour protéger de l'eau la surface où tu vas le poser.